Aprende a pronunciar inglés y disfruta hablándolo

Un método pensado para ti, hispanohablante

Eduardo Basterrechea

◀PhonEnglish

Creador del método
Eduardo Basterrechea

Prólogo
Tony Rosado

Autor del texto
Eduardo Basterrechea

Correctora
Mercedes Pacheco

Diseñador
Alejandro Decinti

Maquetador
Alejandro Decinti

Diseño de cubierta
Alejandro Decinti

Caricatura
Tamara Torrecillas

Currante del In Design
Eduardo Basterrechea

Segunda edición: febrero-2017
® Eduardo Basterrechea
ebaste@phonenglish.com

◖◀ PhonEnglish

¡Hola!

¡Halou!

Prólogo: Tony Rosado

0
Mi experiencia

1
¿Por qué tienes problemas?

2
Las claves para solucionar el problema

Aviso muy importante

🔊 PhonEnglish

3

Lo fácil e importante. Las consonantes

4

Simplificando las vocales. ¡Tampoco importan tanto!

5.

Poniéndolo todo junto. ¿Cómo sigo?

Epílogo

Prólogo

En el estilo de Sherlock Holmes, Hércules Poirot y Víctor Ros, Eduardo Basterrechea nos ha desvelado un misterio que ha existido durante siglos: ¿a qué obedece que los hispanohablantes no puedan pronunciar el inglés?

Con su razonamiento de ingeniero y conocimiento de las letras, Eduardo observa el comportamiento de las vocales y consonantes del inglés desde la perspectiva del hispanoparlante, y se atreve a proponer algo temerario: vamos a adquirir la pronunciación del idioma de la misma manera que un niño. El resultado es PhonEnglish.

Habiendo crecido con ambos idiomas, jamás habría pensado en la dificultad que representa leer el inglés para alguien que está acostumbrado a leer en español. Como intérprete profesional, siempre me ha sido difícil entender el inglés de los españoles. Ahora me queda claro el porqué.

Después de leer este libro y de haber puesto a prueba el método PhonEnglish, no me cabe duda alguna de que quienes opten por estudiarlo y practicarlo, mejorarán la calidad de su pronunciación casi de inmediato.

¡Ya era hora de que alguien nos explicara en español, y con claridad, cómo pronunciar el inglés!

Tony Rosado

0

Mi experiencia

¡Hola!

¡Encantado de hablar contigo compañero o compañera de fatigas! Este es el principio del fin del martirio de hablar inglés. Dicho sea con todo el cariño al inglés.

Hasta hace poco, hablar inglés ha sido un martirio para mí. Sobre todo pronunciarlo. Sin embargo, en los últimos años, me he puesto a ello, y he conseguido domar a la bestia. Para mí, ahora pronunciar inglés es tan sencillo como pronunciar español. Te cuesta creerlo, ¿verdad? A mí también me costaría si no lo hubiera vivido y experimentado.

Siempre me han gustado las matemáticas y, hasta hace unos años, he sufrido con la lengua. Me gusta encontrar el porqué de todo, y descubrir las estructuras que sostienen los sistemas.

Disfruto creando modelos que simulan el funcionamiento de las cosas y, de un tiempo a esta parte, me he centrado en la lengua. Primero en el español, busca *Molino de ideas* en Internet y verás de qué te estoy hablando, y después en el inglés, resolviendo un problema que me tenía angustiado.

Sí, me habían convencido de que el problema estaba en mí, no en los que me enseñaban, en los métodos con los que NO me enseñaban o en la falta de conocimiento que los propios angloparlantes tienen de su manera de pronunciar, del mismo modo que los hablantes de español tampoco sabemos cómo pronunciamos. ¿Serías capaz de explicar a alguien cómo se pronuncia la erre doble en español? Conozco niños que han tardado años en poder hacerlo. ¿Y la jota? Pon la lengua en tal sitio... A mí no me sirve.

Pues el problema está resuelto. Sé cómo funciona y sé cómo explicártelo en unas pocas horas, de modo que pierdas el miedo y ganes la seguridad que necesitas para empezar a hablar un nuevo idioma.

No vas a pronunciar perfectamente el inglés en una semana, pero, poco a poco, verás cómo vas mejorando y, en unos meses, pronunciarás un inglés más que aceptable. El cielo es el límite.

Te puedo ayudar si hablas ya inglés, pero te sientes inseguro. Este sistema te permite medir tus progresos y aprender caminos de mejora.

Por supuesto, también sirve si no tienes ni idea de inglés. No vas a poder mantener conversaciones al principio, pero sí que vas a poder leer o memorizar textos y pronunciarlos perfectamente. Igual que te pasa con el español.

Lo que sí resulta imprescindible es hablar español, porque todo lo vamos a basar en la pronunciación de este idioma. Los de nivel 0 de pronunciación de inglés pasarán rápidamente a 5, los de 5 a 8, los de 7 a 9 y los de 10 aprenderán por qué razón hablan tan bien, y eso siempre mola.

Te iba a contar más cosas sobre cómo lo conseguí, pero creo que es mejor meternos en harina y, ya al final y con las tareas hechas, seguiremos con la charleta.

Si quieres, te cuento cómo está estructurado el libro. A mí me encantan los mapas y tener una visión general de por dónde voy a ir.

Son cinco bloques:

Primero: te cuento por qué no has conseguido aprender a pronunciar bien el inglés.

Segundo: veremos dónde está la solución a los problemas. Verás que todo tiene bastante sentido.

Tercero: analizaremos cómo funcionan las consonantes.

Cuarto: nos centraremos en las vocales.

Quinto: te explico cómo seguir progresando.

Ahora sí, vamos a ver por qué, hasta el momento, no lo has conseguido.

1

¿Por qué tienes problemas?

A veces nos cuesta salir del problema. Mirar fuera y descubrir qué lo origina, en vez de centrarnos en resolverlo.

Nos cuesta pensar un poco más allá. Nos metemos en nuestra realidad y pensamos que el bloqueo está en nosotros. Estamos demasiado acostumbrados a aceptar nuestra culpabilidad y demasiado poco acostumbrados a pensar que quizá el problema esté en otra parte.

A los hispanohablantes nos cuesta mucho pronunciar el inglés, y es lo que de verdad nos complica todo lo relacionado con su estudio. En realidad, el inglés es una lengua bastante simple, con una pronunciación simple, pero con una base muy diferente a la del español. Si descubres cómo funciona, te resultará muy sencilla.

El problema es que no nos cuentan los aspectos claves, no sabemos cómo es la pronunciación correcta, y eso nos estresa, y bloquea nuestro aprendizaje.

En primer lugar, conviene recordar que las lenguas son esencialmente habladas, nacieron de las cuerdas vocales y luego, en muchos casos, se ha desarrollado una lengua escrita. Así, aunque ahora nos pueda parecer que nos pasamos el tiempo escribiendo, lo esencial de una lengua es su uso oral más que el escrito.

1.1

El oído es diferente

¿De verdad? ¡Pues sí que empezamos bien! ¡Si las orejas son iguales y los cerebros, en principio, también! Cierto, pero déjame explicarme un momento. Inicialmente todos los cerebros son iguales, pero luego a lo largo de la vida se van adaptando al entorno que nos ha tocado vivir. Nuestro cerebro es especialista en delimitar objetos y clasificarlos, lo que nos permite categorizar las cosas, hablar sobre ellas y pensar sobre ellas.

Cuando nacemos, o quizá antes, empezamos a oír sonidos, sonidos que son continuos y que nuestro cerebro intenta clasificar. Es a lo que se dedica desde que somos algo y hasta que tenemos unos cuantos meses: a asociar sonidos a categorías (las letras) y a delimitar qué sonidos corresponden a cada clase, es decir, a cada letra. ¡Es una labor absolutamente genial e increíble! Es lo que hacemos cuando queremos ordenar nuestros libros o nuestra habitación, establecemos unas clases y ponemos las cosas que vamos encontrando en ellas, tratando de encontrar un equilibrio, un orden.

Así, los hablantes de una lengua tienen el desafío de identificar las diferentes letras o categorías y determinar qué sonidos corresponden a una letra, definiendo sus

🔊 **PhonEnglish**

límites. Como presidentes que se reúnen tras una guerra, el cerebro delimita cada sonido y desarrolla una especie de mapa: este rango de sonidos es una «e» o una «a», esto es una «p», o esto es una «j».

Esto tiene lugar hacia los primeros meses de vida, se queda en el fondo de nuestro *procesador del lenguaje* y nos acompañará siempre. Cada hablante desarrolla el suyo, pero los que hablan una misma lengua comparten la mayor parte de los territorios. Sin embargo, este mapa es diferente para las diferentes lenguas puesto que los sonidos son diferentes, y eso hace que lo que unos escuchan como dos letras iguales, a otros les parecen dos letras diferentes. Por ejemplo, la letra «b» en español suena de dos maneras muy diferentes, aunque nos parezca que solo lo hace de una. En la palabra «bomba», la primera «b» suena parecida a una «p», y la segunda suena parecida a una «v». Prueba a pronunciar «pomva» y verás que es una palabra muy parecida; ahora pronuncia «vompa» y verás que no se parece tanto. Seguro que ni te habías dado cuenta. Para nosotros, no es ningún problema, pero a los hablantes de una lengua que no tenga la letra «b» y sí las letras «v» y «p», les podría resultar complejo.

A nosotros nos pasa con el inglés y la palabra *awesome*, que pronuncian algo así como «oshom». El sonido de la primera «o» en inglés está tan cerca del límite entre la «o» y la «a» del español que, en función del acento del hablante, escuchamos dos palabras diferentes «oshom» o «ashom».

¿Es una barrera infranqueable? Rotundamente no, pero sí que es importante tenerla en cuenta. Ya te contaré cómo nos podemos aprovechar de esa diferencia.

1.2

Hay muchos acentos diferentes

El inglés se habla en todas las esquinas del mundo. Cada hablante nativo de inglés está inmerso en una variante concreta, la de su área geográfica y clase social.

Esto también pasa con el español. Por ejemplo, alguien que nace en Sevilla, está sometido principalmente al acento sevillano. Con su lógica fonética.

En el inglés, esta variación es mucho mayor. Por su mayor dispersión geográfica, su convivencia con otras lenguas en muchas regiones y porque, además, no existe un organismo regulador como existe en español: la célebre Real Academia Española.

Por lo tanto, el aprendiente de inglés se ve sometido a múltiples acentos. Diferentes profesores y diferentes fuentes complican mucho el aprendizaje inicial.

Poco a poco, podemos ir diferenciando los acentos pero, al principio, nos complican mucho la vida. Es como intentar empezar a andar en un tren en marcha.

Cuando estamos intentando crear ese mapa que te comentaba en el apartado anterior, nos encontramos con

📣 **PhonEnglish**

sonidos diferentes en función del acento del hablante que escuchemos.

Los británicos han intentado solucionar el problema utilizando un único acento en las clases de inglés: la *RP (Received Pronunciation)*, o lo que podríamos traducir como *pronunciación recibida*.

Simplificando mucho, podríamos decir que esta pronunciación es la lengua que habla la BBC, que corresponde a un acento inglés neutro de clase alta.

El problema para nosotros, es que justo ese acento es uno de los más complicados que podemos encontrar para los hablantes de español. Ya te contaré por qué más adelante.

1.3

No se escribe como se pronuncia

¡Ni ellos mismos saben pronunciar una palabra la primera vez que la ven escrita!

En su origen, y lo puedes ver en las lenguas más antiguas, la escritura no tenía que ver con la pronunciación. Se usaban ideogramas, que se acabaron convirtiendo en representación de sonidos. ¡Todavía, si inviertes una A mayúscula, puedes ver la cabeza de un toro!

Ahora, la tendencia es que la escritura sea una representación de los sonidos. Lo que no siempre se consigue. Con las lenguas romances, en particular el español, esto es así.

Simplificando mucho, si explicas a alguien que no tenga ni idea de español cómo suena cada una de las letras podría leer español sin ningún problema.

Eso hace que estemos muy mal acostumbrados y nos genera un gran problema con el inglés.

En el inglés es muy diferente. La escritura es una cosa y la pronunciación es otra. No son totalmente independientes, pero una palabra escrita tendría más de una manera

PhonEnglish

«lógica» de ser pronunciada.

¡Hasta los hablantes nativos de inglés necesitan que se les indique cómo se pronuncia una palabra la primera vez que aparece en sus vidas! Te habrás dado cuenta de lo difícil que les resulta cuando, en una película americana, sale el típico concurso de *spelling* o deletreo, que hecho en español, no tiene demasiado sentido.

Como ocurre con cualquier lengua madre, el primer contacto de los angloparlantes con su lengua nativa es la lengua oral. Así que, para ellos, el problema no es la pronunciación, sino la escritura.

El aprendiente de inglés como lengua extranjera se encuentra con que su aproximación al idioma es por un medio escrito. Es decir, puede asistir a muchas clases de conversación, pero muchas palabras las encuentra por primera vez en medio escrito o no percibe la relación entre una palabra y su escritura.

Vuelvo a mi ejemplo favorito por el momento, estarás conmigo en que resulta muy poco intuitivo concluir que la palabra que se pronuncia «ooshom» se escribe *awesome*.

Estos dos factores unidos nos complican mucho la vida. Empezar por el lenguaje escrito y venir de una lengua en la que se premia la lectura literal supone un cóctel letal para los hispanohablantes. ¡También en este caso podemos convertir la desventaja en una gran ventaja!

1.4

Las vocales y las consonantes. Positivo y negativo

¡A ellos también les cuesta pronunciar el español! Vocales y consonantes, y consonantes y vocales. ¡He ahí el quid de la cuestión!

En este aspecto, el español y el inglés son como el positivo y el negativo de una fotografía. Cuando escuchamos un sonido, intentamos descubrir a qué palabra corresponde. Al igual que hacemos con muchas otras cosas, nos fijamos en unos rasgos distintivos, en vez de analizar todos los rasgos. Por ejemplo, la policía identifica a los sospechosos por las huellas digitales, porque sabe que son diferentes en cada persona, en vez de almacenar miles de datos de cada individuo. Nosotros reconocemos a un amigo por un par de rasgos concretos, la altura, por ejemplo, y el pelo.

Con la lengua pasa lo mismo. Cada palabra tiene unos rasgos característicos que nos permiten identificarla, y resulta que, en español, el rasgo que mejor define a las palabras son las vocales. Son las que más suenan en una palabra. Rara vez se omiten y en todas las variantes del español suenan muy parecidas. Los distintos dialectos del español tienden a diferenciarse por las consonantes, que, en función del mismo, suenan diferente, y podemos decir sin problema *(p)sicología*, *tran(s)porte* y *cambia(d)o*

🔊 **PhonEnglish**

(no nos atrevemos a escribirlo, pero lo pronunciamos así). Para el español, lo importante son las vocales y todo gira en torno a ellas. Son las reinas de la pronunciación, y las consonantes se supeditan a ellas. Tienen una personalidad muy marcada. Marcan a las consonantes. Hacen que las consonantes se adapten a las vocales.

Sin embargo, en inglés ocurre lo contrario, las consonantes son lo importante y las vocales ocupan un papel secundario. Esto hace que las vocales pierdan personalidad y surjan muchas formas diferentes, tan cortas en muchos casos, que no les da tiempo a mostrar su propio carácter.

Al perder la importancia de las vocales, aparece otro cambio importante: el español utiliza como rasgo diferenciador de las palabras la tonicidad de las mismas, la sílaba tónica, mientras que el inglés utiliza como rasgo diferenciador la longitud de los sonidos vocálicos. Es decir, dos palabras en inglés pueden tener los mismos sonidos y diferenciarse por la longitud de alguna de las vocales. Un ejemplo clásico es *sheet* (shiit) y *shit* (shit).

Así que volvemos a tener otro cóctel explosivo: los hispanohablantes nos fijamos excesivamente en los sonidos vocálicos del inglés, porque venimos de una lengua en la que son muy importantes. Además, la abundancia de sonidos vocálicos diferentes nos complica mucho el aprendizaje si intentamos aplicar la importancia vocálica del español al inglés. Somos el alumno aplicado que se empeña en estudiarse los temas que no van a caer en el examen. Pero claro, si el profesor no nos lo ha explicado...

1.5

¡Nadie me lo explica de un modo que yo lo entienda!

Pues sí, seguro que te ha pasado como a mí, después de intentar mejorar tu inglés, te has dado cuenta de que quizá el gran problema estaba en la pronunciación.

Apuesto a que te has sentido muy perdido, e incluso ridículo, hablando inglés, así que te has puesto manos a la obra. Después de descubrir que los cursos habituales y los profesores habituales no te han ayudado a solucionar el problema, te has centrado en cursos específicos de pronunciación y te has encontrado con enfoques que no te han aportado mucho.

O se trata de cursos de pronunciación impartidos por profesores nativos, en los que te han explicado matices de algunos sonidos que no terminabas de oír diferente y en los que la solución correcta y la incorrecta te sonaban igual. Cursos en los que, en vez de ir a lo básico, te suponían un conocimiento que no tenías.

O cursos con vídeos que te explican dónde hay que poner la lengua para pronunciar un sonido... ¡Si no sé ni donde la pongo cuando pronuncio español! O que esto es oclusivo o fricativo o sordo. ¡Si no soy capaz de entender esos conceptos!

◀ PhonEnglish

En otros casos, el problema es que deberías memorizar cientos de reglas (no miento son muchísimas) que te explican cuándo una determinada combinación de letras suena de una determinada forma... ¡en la mayoría de los casos, no en todos!

Este modo de aprender es inhumano, sobre todo para los que no tenemos esa capacidad de memorización y nos gustan las cosas más simples.

Otros emplean diferentes recursos. Por ejemplo, el color. He visto dos de este estilo. Básicamente, el color con el que pintan la palabra indica cómo debe sonar la vocal de esa palabra (normalmente monosílabo o cuasi monosílabo).

La cosa se complica con palabras polisílabas, en las que empieza a haber una verbena de colores. Admiro a sus creadores, ya que hicieron un gran esfuerzo de simplificación, pero no terminaron de solucionarme la vida.

A mí, esos métodos me presentaron dos problemas: primero, tener que memorizar los colores de las palabras, y segundo, me resulta muy incómodo el proceso de ver la palabra, mirar el color, pensar en cómo se pronuncia el color y volver a la palabra... ¡Simple que es uno!

1.6

¿Por qué usar caracteres fonéticos si ya sabemos cómo suenan las letras?

Otros proponen usar la escritura fonética. Para mí es chino. No consigo leer ni memorizar cómo suenan los caracteres fonéticos.

Hace poco circuló una broma en internet para fonetistas:

ɪf ju kæn rɛd ðɪs jʊr e nərd

No sé tú, pero a mí me resulta incomprensible.

No sé si es problema de edad o de incapacidad, pero no me resultan útiles. Son una herramienta para especialistas, pero no para ti ni para mí.

No parece que tenga mucho sentido tener que memorizar nuevos caracteres, que además no están en los teclados y escribirlos resulta un martirio.

Por otra parte, no existe una transcripción fonética única para una palabra del inglés.

Depende de la variedad del inglés, con lo que tampoco nos resuelve el problema. Complicado e inútil para nuestro

🔊 PhonEnglish

propósito.

Me hubiera encantado que alguno estos sistemas me hubiera servido de algo, pero no ha sido así, y gracias a eso estás leyendo ahora estas líneas.

Así que, resumiendo, tu interés en mejorar la pronunciación no se ha visto recompensado con métodos que te ayudasen a solucionar el problema.

Ahora con PhonEnglish® lo vas a conseguir.

1.7

Somos analfabetos. El secreto de mi abuela

Somos analfabetos, como suena, pero a la inversa. No somos capaces de leer en inglés. Alguno podrá pensar que en realidad sabe leer, pero lo cierto es que, si no nos explica alguien cómo se pronuncia una palabra, no somos capaces de leerla. Por tanto, somos analfabetos.

Mi abuela Ramona, que acabaría de cumplir 100 años hace unos días, era analfabeta. No sabía leer ni escribir. Sabía firmar, pero poco más. Cuando no sabes leer, ves una palabra escrita y no sabes pronunciarla. A fuerza de verlas, seguro que identificaba algunas palabras por la forma. Igual que podemos identificar palabras en ruso, *Moskva*, aunque no sepamos leerlas.

Uno de los problemas que tenía mi abuela era que pronunciaba mal algunas palabras en español, porque leer te permite clasificar y categorizar los sonidos en letras. Esto es una «b» o es una «j». ¿No te has dado cuenta de que hay palabras en español que no has visto nunca escritas y que no sabes exactamente como se pronuncian?

Con el tiempo, sin que te des cuenta, la escritura mejora tu pronunciación. Ahora la palabra no es un sonido que intentas imitar, sino una combinación de elementos que

🔊 **PhonEnglish**

sabes cómo funciona. Puedes pronunciar palabras sin haberlas oído, porque puedes construir la pronunciación de una palabra. Lees, escuchas y conectas las letras y los sonidos básicos... así, mejoras la pronunciación continuamente en un bucle casi infinito.

2

Las claves para solucionar el problema

Una vez identificados los problemas, te voy a plantear las soluciones en las que se basa PhonEnglish®, aunque valdrían para otros sistemas..

Ya sabes que, en la era de la información, lo difícil no es encontrar la respuesta, sino hacer la pregunta correcta, y creo que hemos hecho las preguntas correctas.

Vamos a ver las respuestas correctas. Seguro que te parecen brillantes.

2.1

Nos tenemos que basar en nuestro oído. Especial para hablantes de español

Frente al inconveniente de que tenemos dos mapas de sonidos diferentes, el de los sonidos del inglés y el de los sonidos del español, la pregunta es: ¿no podemos aprovechar que los hablantes ya conocen el mapa del español?

Es decir, los hispanohablantes ya tenemos un mapa mental de sonidos. ¿Por qué no aprovechar ese conocimiento y señalar las diferencias y las zonas comunes?

En vez de explicar cómo suena una letra en inglés, indicar dónde poner la lengua o escuchar cómo la pronuncia un hablante nativo de inglés, ¿por qué no ver en qué se parece y en qué se diferencia ese sonido de un sonido en español?

Además que te lo va a explicar un hablante nativo de español. Que sabe lo que tú tienes en la cabeza.

Ya habrá tiempo de afinar después. Serás tú el que pidas más detalle cuando le vayas cogiendo el truco.

¡Y entonces te empezarán a ser útiles las explicaciones de los nativos!

📢 PhonEnglish

Es como viajar a una ciudad lejana. No me des indicaciones detalladas del callejero cuando estoy planificando el viaje. Sólo quiero saber si el hotel está cerca de donde quiero ir.

Primero dime cómo llegar a la ciudad y, allí, seré yo el que busque más detalle. Si me das los detalles ahora, ¡me voy a perder!

Por eso, este sistema está diseñado exclusivamente, al menos por ahora, para hablantes nativos de español.

Porque las indicaciones que te damos se basan en el conocimiento que ya tienes de la pronunciación del español.

¡Eres un profesional de la pronunciación de tu lengua!

Con un par de retoques, vas a tener una base estupenda y te vas a poner en el camino del progreso.

.

2.2

Vamos a elegir una variedad: el inglés neutro de Estados Unidos

Frente a la gran variedad de acentos del inglés, nos vamos a centrar en uno. No te preocupes, en cuanto empieces a tener confianza en una, va ser fácil que te centres en la variedad que sea. ¡Vas a tener criterio para poder diferenciarlos!

Lo importante es trabajar con una base coherente, que tenga sentido en sí misma. En el fondo, es lo que ya se está haciendo, aunque no te hacen consciente de ello.

Además, nosotros cambiamos la variante básica. Nos centramos en el inglés norteamericano y allí buscamos un acento lo más neutro posible.

¿Por qué esa variante? En primer lugar, porque es mucho más fácil para los hablantes nativos de español que la *Pronunciación Recibida*.

Es más fácil por la propia estructura de la lengua (en un momento te explico por qué).

También es más fácil porque la variante norteamericana es a la que estamos más acostumbrados por todo lo que tiene que ver con películas, series, vídeos, etc.

◀ PhonEnglish

Además, es más útil para los hablantes de español que viven en América, es decir, la mayoría.

Por si fueran pocas razones, es el lenguaje de la nueva economía, de las *startups*, del emprendimiento.

Pero, como te digo, no te preocupes, lo más importante es no volverte loco con distintas pronunciaciones de la misma palabra al principio y que tengas una buena base sobre la que construir.

La base que hemos escogido es bastante neutra.

2.3

Un sistema de escritura fonética: PhonEnglish®

Para los hablantes de inglés también la escritura es un suplicio. Raro, ¿verdad? No es una cosa que uno piense. Puesto que en español nos resulta simple, uno piensa que en inglés también es así.

Digamos que la aproximación de los hispanohablantes a la escritura es analítica, ya que podemos descomponer los sonidos de una palabra en letras.

Sin embargo la de los hablantes de inglés es integral, es decir, a esta palabra le corresponde esta escritura y esta pronunciación. ¡Pero no pueden descomponer la palabra en sonidos porque cada letra no tiene un sonido único!

Recuerdas aquello de "Depende, todo depende..." pues la escritura del inglés es así.Ha habido muchos intentos a lo largo de la historia de cambiar la escritura del inglés para hacerla más racional. Más como lo que pasa en español.

¡Incluso Benjamin Franklin propuso una! No sé si sabías que hace unos pocos años se aprobó una reforma de la escritura del inglés en el parlamento británico, pero no se llegó a aplicar.

📣 **PhonEnglish**

Así que, ¡ellos se lo pierden! Si quieren complicarse la vida, usando una escritura no fonética están en su derecho. Nosotros vamos a usar un sistema de escritura del inglés mucho más fonético, con las letras que ya conocemos y a las que estamos acostumbrados.

Recuerda que el cerebro de los hispanohablantes está acostumbrado a leer los sonidos, y nos cuesta horrores no pronunciar alguna sílaba de las palabras que leemos. ¡Especialmente las vocales! Si te digo que leas *Leicester* va a ser muy difícil que lo pronuncies correctamente, pero si te digo que leas *Lester*, te va a resultar mucho más fácil. ¡No vas a tener que luchar contra tu intuición!

Y a partir de ahora te va a resultar mucho más fácil pronunciar correctamente *Leicester*. Ese es el mecanismo que vamos a trabajar. Es como cuando estás aprendiendo una palabra en un idioma extranjero y buscas trucos como el de se pronuncia como tal cosa. Sabes que es un truco, y se te va a olvidar pronto, pero te ha valido para memorizar la palabra al principio, engancharla con algo que ya sabías.

Con un clic, podrás ver la pronunciación de las palabras escritas con las letras que ya conocemos. Es decir, ¡podrás leer el inglés como lees el español! Evidentemente algunas letras sonarán diferentes, pero tendrás las claves para saber como se pronuncian.

Insisto, se trata de un sistema de escritura cercano a la pronunciación, no de una transcripción fonética.

El sistema de escritura va a ser una de las palancas con la que vamos a trabajar, ¡pero no la única!

2.4

¡Las consonantes primero! Las vocales complementan

Tras analizar la dificultad de los hispanohablantes para pronunciar el inglés, especialmente el británico, llegué a una conclusión que luego encontré únicamente en un blog que enseña a pronunciar en inglés.

Descubrí que en el caso del español, el peso de la pronunciación lo tienen las vocales. Lo que hace que estén especialmente definidas y sean muy claras. Varían muy poco en las diferentes variedades.

Sin embargo, en el caso del inglés, sobre todo en el inglés británico, el peso de la pronunciación lo tienen las consonantes, y las vocales simplemente acompañan.

¡Y esta es la clave! En español, la forma, lo importante, son las vocales, y lo que acompaña, el fondo, son las consonantes. Esto hace que cuando aprendemos a pronunciar inglés, ¡nos fijamos en el fondo! Y así es imposible. ¡Intentar descubrir la forma de una figura recortada viendo los trozos que han quedado! ¡Es imposible!

La forma en inglés la aportan las consonantes y el fondo las vocales. Ellos cuando pronuncian o escuchan una palabra ¡Se fijan en las consonantes! Ahí están los rasgos

🔊 PhonEnglish

que permiten diferenciar las palabras.

Además de esta diferencia hay otra diferencia fundamental, la forma de marcar las sílabas importantes. Aquí jugaremos con intensidad y duración.

En español, en general, todas las vocales tienen la misma duración, cosa que no ocurre en inglés, donde tienen vocales largas y vocales cortas. Existen vocales cortas y vocales largas. Las cortas son las más abundantes, y básicamente sirven para poder pronunciar las consonantes, que, como ya te he comentado, son las relevantes.

En vez de la duración en español usamos fundamentalmente la intensidad para diferenciar las sílabas. Así que recuerda, lo importante en inglés es la duración de las sílabas y lo importante para el español es la intensidad de las mismas.

Antes de que protestes te pido un poco más de margen. Por supuesto que también hay sílabas más cortas y más largas en español y sílabas más intensas que otras en inglés, pero el factor diferenciador, la forma, es diferente. Si en inglés te fijas en la intensidad estarás, de nuevo trabajando la fondo.

Todo esto suena muy raro y complejo, pero no te preocupes. ¡En español ya estás pronunciando vocales cortas! Dame un minuto y te lo cuento.

Por el momento y para entendernos, y usar medidas comprensibles para nosotros, los hispanohablantes podríamos estimar que una vocal larga en inglés duraría lo mismo que una vocal normal del español, y una corta, la mitad.

Llamaremos vocal normal a la que se encuentra entre dos consonantes. Por ejemplo, la palabra *hola* en español correspondería a la palabra «hoolaa» en PhonEnglish® en cuanto a duración de las vocales, es decir, tendría dos vocales largas.

La duración de las vocales cortas tampoco nos resulta demasiado extraña. ¡También las tenemos en español! Pero solo dos, la «i» y la «u» cuando acompañan a una vocal abierta y no tienen tilde. Por ejemplo, la «i» de *comió* (pasado del verbo comer), o la «u» de *cuesta*.

Para simplificar, diremos que la vocal corta del inglés dura la mitad de una vocal larga, es decir, la mitad de una vocal normal del español. Ya veremos que son tan cortas, que a veces solo dejan el aroma de la vocal, no les da tiempo a desarrollarse en plenitud.

El inglés que se enseña, la *Pronunciación Recibida*, es el más extremo en el aspecto vocálico. Si escucháis a un británico de clase alta hablar oiréis consonantes sin vocal, provocando una sensación extraña y hasta desagradable al oído ya que hay cortes dentro de las palabras, que es lo contrario que nos pasa en español, en el que tendemos a unir unas palabras con otras.

Sin embargo, el inglés americano adopta una posición intermedia, y es el más hablado, de modo que es el que vamos a usar como base.

Nuestro método se basa en reconocer esto y aplicarlo. A modo de anticipo de lo que vendrá te diré que las reglas básicas son:

A. Divide entre dos la duración de las vocales respecto de la duración normal de las vocales en español. En español escribiríamos «hoolaa», «caasaa», «Baasteerreecheeaa». Empieza a practicar, lee esto a velocidad normal. Poco a poco, tu cerebro se acostumbrará y asimilará esta duración. Bueno lo de Basterrechea lo puedes olvidar, a mí también me costó las primeras mil veces.

B. Simplifica los sonidos vocálicos escritos del inglés a cinco. Con versión corta y larga. La larga se representa escribiendo dos vocales seguidas. El sistema no elimina sonidos del inglés, sino que simplemente no los representa en la escritura como diferentes. Es decir como pasa en español con la «b», de bomba que ya te he comentado. En particular representamos con la letra «a» tres sonidos diferentes. No te preocupes que ya verás como es sencillo. Los sonidos se seguirán diferenciando aunque se escriban igual. Con el tiempo irás sabiendo como suena en cada una de las palabras. Pero recuerda que se trata de una vocal corta y en general, salvo en los monosílabos que ya conoces, son el fondo.

Las consonantes en inglés no tienen especial complicación. Su pronunciación es única. En algunos casos, diferente del español, pero bastante sistemática. Se podría simplificar la escritura, eliminando alguna de las consonantes que propongo pero se perdería alguna información.

Y recuerda que en inglés las consonantes son la forma. Así que he sido especialmente exhaustivo con estos sonidos.

2.5

Practica con las combinaciones más habituales sin complejos

Hablar es un ejercicio físico, no mental, y, como todo ejercicio físico, requiere práctica. Cada lengua tiene unas combinaciones de vocales y consonantes más frecuentes, y eso hace que nos sea más fácil pronunciarlas.

Así que es cuestión de practicar y practicar.

La ventaja es que vas a partir de sonidos que ya conoces, los del español, y vas a tener una referencia escrita de cómo debe pronunciarse la palabra, con lo que el proceso va a ser más sencillo, e irás viendo tus propios progresos. Así que te voy a enseñar a leer en inglés y, por tanto, a pronunciar, casi sin que te des cuenta.

¡A disfrutar! ¡Ya!

🔊 **PhonEnglish**

AVISO
MUY IMPORTANTE

A partir de aquí, vamos a hablar de las letras de PhonEnglish®. Recuerda que el PhonEnglish® es una escritura fonética en la que el sonido está muy relacionado con la letra escrita.

Cuando digamos la «j» suena de tal manera, estamos diciendo que la «j» de una palabra escrita en PhonEnglish® suena de tal manera, no estamos diciendo que la «j» de una palabra escrita en inglés suene de tal manera. Eso es muy importante, insisto, siempre hablaremos de los sonidos de las letras de las palabras escritas en PhonEnglish®.

A partir de este punto, leemos PhonEnglish®, no leemos inglés.

En las tablas de ejemplo, verás varios colores:
- Rojo: requiere más atención.
- Azul: requiere menos atención.

Vamos a empezar por las consonantes, porque me parece más fácil empezar por ahí, pero, sin vocales, no podemos pronunciar las consonantes. Por el momento, pronuncia las vocales como suenan en español y recuerda que una vocal doble, por ejemplo «aa», tiene la longitud normal de una «a» en nuestro idioma, y una vocal simple, dura la mitad.

Cuando acabemos con las consonantes, te daré más detalles, pero, por ahora, vale con esto.

Con el termómetro indicamos la frecuencia de la letra. Cuánta más alta la temperatura, es decir, más lleno está el termómetro, más frecuente es el sonido.

3

Lo fácil e importante: las consonantes

3.1

¡La buena noticia! Lo más importante son las consonantes, y la mayoría son iguales

Las consonantes del inglés son muy sencillas para nosotros. Solo hay una zona complicada: la de las «d» y las «z». ¿Recuerdas nuestro mapa mental de sonidos?

En nuestro caso, el cerebro ha metido algunos sonidos en el mismo cajón, mientras que el de los angloparlantes los ha dividido en diferentes cajones.

La buena noticia es que las más complicadas para nosotros aparecen en pocas palabras. Así que no te preocupes, porque tampoco se genera confusión si no las diferencias. Es simplemente un sello de calidad.

La mala noticia es que las palabras que las usan son muy frecuentes, de modo que la percepción que tendrán los demás de tu inglés mejorará mucho si las pronuncias bien.

Lo mejor es que, más adelante, trabajes con ellas especialmente, aunque sea en plan loro que repite, y poco a poco lo pillarás. Por ahora, no te preocupes de eso.

Más de la mitad de las consonantes del inglés existen en español, y una cuarta parte de las que no existen son sonidos intermedios entre consonantes españolas.

🔊 **PhonEnglish**

El resto, el más complejo, es un conjunto de sonidos consonánticos diferentes del español y diferentes entre sí, que nosotros percibimos como iguales.

De algún modo, para nosotros suenan igual, pero para ellos suenan diferente. Así que tendremos que trabajar un poco para entrenar al cerebro. Nada complicado, no te preocupes. Y son muy pocos.

Insisto, te recomiendo que no te vuelvas loco con estos últimos sonidos. La primera vez que los estudies, no les dediques demasiado esfuerzo.

¡Bastante tarea tienes con el resto! Poco a poco, verás como tu cerebro se centra en ellos y los vas diferenciando.

Empezamos con los más parecidos al español. De lo fácil a lo difícil y cuando te des cuenta, ¡habrás terminado!

3.2

Las consonantes que son iguales o muy parecidas

Empezamos con las más sencillas, las que te van a resultar obvias. Son más de la mitad de los sonidos. ¡Increíble! ¿no? Ya sabes pronunciar mucho más inglés del que suponías.

🔊 **PhonEnglish**

b B

bad   *bad*
lab   *lab*

La letra «b» suena exactamente igual que en español, así que no presenta ninguna dificultad para los hispanohablantes.

A veces, la puedes oír diferente si va acompañada de una vocal corta, pero simplemente es su adaptación a la situación.

Es importante indicar que en inglés la letra «v» no suena igual que la «b» como pasa en la mayor parte de las variedades del español, sino que tiende a sonar como la «f». Algunas variantes del español sí hacen esta diferencia, pero la mayoría no. Así que tranquilo por el momento con la «b».

p P

pet   *pet*
map   *map*

La letra «p» suena exactamente igual que en español, así que no presenta ninguna dificultad para los hispanohablantes.

A veces, la puedes oír diferente si va acompañada de una vocal corta, pero simplemente es su adaptación a la situación.

PhonEnglish

tii
geting

tea
getting

La letra «t» empieza a ser interesante. En una primera aproximación, se pronuncia como el español, así que no presenta ninguna dificultad para los hispanohablantes.

Cuando profundices un poco, te darás cuenta de que, en realidad, abarca un rango de sonidos que van desde una «t» con un cierto sabor a «ch» cuando es principio de palabra, una «t» muy parecida a la española cuando es final de palabra, y una «t» que parece casi una «r» cuando va entre vocales.

Pero, por el momento, no es importante. No te compliques si es la primera vez que la estudias.

d D

did   *did*
leidii   *lady*

Funciona como el español, no presenta ninguna dificultad para los hispanohablantes.

Las dificultades surgen más tarde, cuando empiezan a aparecer sonidos parecidos para nosotros y diferentes para ellos. Pero es el sonido más frecuente de este tipo. Así que, tranquilo. La «d» de toda la vida.

PhonEnglish

chek *check*
cherch *church*

Funciona como el español, no presenta ninguna dificultad para los hispanohablantes.

No estamos acostumbrados a escucharla al final de la palabra, pero, por lo demás, es igual.

Aunque no es un sonido muy frecuente en inglés, hay muchas letras que tienden a sonar un poco como la «ch», normalmente a principio de oración y junto a vocal corta, como ya hemos dicho con la «t».

Cuando queremos imitar el sonido del inglés, sobre todo el británico, tendemos a pronunciar muchas «ch» un poco más suaves que las del español.

Eso es porque muchas consonantes al principio de oración, y si van seguidas de vocal corta, tienden a pronunciarse así.

j J

jasht *just*
laarj *large*

Suena parecido al español, pero mucho más cerca del sonido de la «y» o de la «ch».

Hemos elegido el símbolo «j» por ser un sonido parecido al español y no existir en inglés. Es un sonido entre la «y» y la «ch». No lo tenemos como sonido en español, pero nos resulta muy fácil reproducirlo.

¡Ojo con llevarlo a la «i» o a la «ch»!

k K

kat *cat*
blak *black*

Funciona como el español y, por tanto, no presenta ninguna dificultad para los hispanohablantes. Si está a principio de palabra puede llevar un poco de sabor a «ch».

Recoge los sonidos *ca, que, qui, co, cu, ka, ke, ki, ko, ku* del español.

¡Y es muy común!

g G

giv	*give*
flag	*flag*

Funciona como el español y no presenta ninguna dificultad para los hispanohablantes. Se representa con la «g» (***ga, gue, gui, go, gu***), es decir, es una «g» española suave. Quizá tenga también un punto chicloso, como de goma.

Recuerda que, en inglés, las vocales tienen menos peso, por lo que las consonantes se suavizan, se vocalizan de algún modo.

PhonEnglish

f F

faind *find*
if *if*

La «f» es tu amiga y suena exactamente igual que en español.

Así que, no presenta ninguna dificultad para los hispanohablantes.

v V

voish *voice*
faiv *five*

Funciona como en alguna variante del español, por ejemplo el de Chile, así que no presenta ninguna dificultad para los hispanohablantes.

Se representa con la «v», aunque la podemos hacer con un sonido más parecido a la pronunciación ultracorrecta de la «v» en español, que tiende a ser una «f».

Es importante indicar que en inglés la letra «v» no suena igual que la «b» como pasa en la mayor parte de las variedades del español, sino que tiende a sonar como la «f». Algunas variantes del español sí hacen esta diferencia, pero la mayoría no. Así que atento a la «v» y diferénciala de la «b».

h H

hau
halou

how
hello

En español es muda (no se pronuncia) en palabras como *huevo*; en inglés tendemos a pronunciarla como «j», pero debemos hacerla mucho más suave.

Es la letra perfecta para saber el origen del hablante extranjero de inglés. Si es absolutamente muda, es francés o italiano. Si es muy fuerte, como una «j», es español.

En el medio está la virtud. En esta letra te juegas mucho y es muy fácil pronunciarla.

Es una «j» ligerísima, pero existente. Es el espíritu del espíritu de una jota.

Si quieres pronunciarla bien, hazla hacia adentro. Es fácil si practicas. Acabarás haciéndola aspirada. ¡Seguro!

l L

leg
lital

leg
little

La «l» funciona como el español, no presenta ninguna dificultad para los hispanohablantes.

📢 PhonEnglish

man
leman

man
lemon

La «m» funciona como el español, no presenta ninguna dificultad para los hispanohablantes.

Hay que tener cuidado con la pronunciación de la «m» a final de palabra. En español tenemos una tendencia enorme a convertirlas en «n». ¡Hasta para las webs decimos «punto con»!

En inglés al final de frase tienen mucha personalidad. Y suenan como «m» recuerda.

n N

nou	*no*
ten	*ten*

La «n» funciona como el español, no presenta ninguna dificultad para los hispanohablantes.

Es uno de los sonidos más frecuentes del inglés, ¡y ya lo dominas!

🔊 PhonEnglish

s S

san	*sun*
mis	*miss*

La «s» funciona como el español, no presenta ninguna dificultad para los hispanohablantes.

La única dificultad es que aparecerá su hermana la «sh», pero esta es igual que la española.

Como además te vamos a indicar cuando es cada una, no vas a tener ningún problema.

3.3

Las que son parecidas y no nos cuestan

Empezamos con el segundo grupo. Consonantes que suenan diferente que en español, pero cuya pronunciación nos resulta fácil, porque son sonidos intermedios entre otros que ya conocemos.

🔊 PhonEnglish

dh DH

dhis   *this*
madher   *mother*

Es un sonido nuevo, pero que no nos resulta difícil pronunciarlo. Está a medio camino entre una «t» y una «d» muy suaves. Hay que aprenderlo, pero no presenta ninguna dificultad para los hispanohablantes.

Es un poco paradójico, porque es muy poco frecuente en cuanto a número de palabras; sin embargo, las palabras que lo con tienen son muy frecuentes. Así que conviene practicarlas directamente.

Escúchalas y repítelas. En seguida verás que no tienes problema con él.

ng NG

sing *sing*
finger *finger*

Se pronuncia como una «n» con un sonido final «g». Funciona como el español y no presenta ninguna dificultad para los hispanohablantes.

Se representa con la «ng», es decir, es una «n» terminada en una «g» muy suave.

Es como una «n» que se prepara para que después venga una «g» que no llega.

PhonEnglish

trai   *try*

red   *red*

Es una «r» mucho más suave que cualquier «r» del español. Tenemos que hacer esfuerzos para aligerarla.

Es especialmente ligera cuando la encuentras a final de sílaba o a final de palabra.

El espíritu de la «r»

sh SH

shii   *she*
krash   *crash*

Funciona como el sonido del español para no hacer ruido. ***Shhhhhhh!*** No presenta ninguna dificultad para los hispanohablantes. Solo es necesario saber si la palabra lleva «s» o «sh», y para eso está la escritura de PhonEnglish®.

Junto con la «n», son los dos sonidos más frecuentes del inglés.

◖PhonEnglish

thingk	*think*
bouth	*both*

Funciona como una «z» suave del español. No presenta ninguna dificultad para los hispanohablantes que pronuncian el sonido «z», salvo suavizarla. No usamos la letra «z» para escribirla porque es una letra del alfabeto inglés con otro sonido.

Se trata de una «z» sin pronunciar, muy suave, simplemente hay que dejar pasar el aire.

Le pasa como al sonido «dh», es poco frecuente en cuanto a número de palabras, pero las palabras que lo tienen son muy frecuentes.

w W

wet *wet*
windou *window*

Funciona como una mezcla del español *u* y *gu*, con una «g» presente y no presente a la vez. Recuerda el *güisqui*.

Una vez que se sabe cómo pronunciarla, no presenta ninguna dificultad para los hispanohablantes. Se representa con la «w». Es casi, casi, una vocal.

Observa que en PhonEnglish® la palabra *windou* no termina en el sonido «w».

zuu
leizii

zoo
lazy

Funciona como el zumbido de las abejas en español. Es una «z» mucho más suave. No presenta dificultad para los hispanohablantes.

Tiende a hacer un «zzzzzz» pero muy corto.

Recuerda que la menor presencia de vocales en inglés suaviza las consonantes. Se representa con la «z».

y Y

yes   *yes*
yelou   *yellow*

Funciona como la letra «i» del español al modo inglés, es decir, corto. La he mantenido por razones de paralelismo con el inglés escrito y con el español ya que estamos más acostumbrados a ver la «y» que la «i» en determinados contextos, pero se podría haber eliminado.

Recuerda que es más corta que en español.

Como con el caso de la «w», es prácticamente una vocal que hace un poco de consonante.

Lo más importante son las consonantes

3.4

Las diferentes. ¡No te compliques!

¡Anda, si solo hay una! Llegas al final de las consonantes del inglés. Son los sonidos más importantes y ves que todo te resulta familiar.

Nos queda solo uno, al que no debes prestar demasiada atención si es la primera vez que lo ves. Poco a poco, verás como lo vas diferenciando. ¡Enhorabuena!

Te recomiendo escuchar las palabras que lo contienen y poco a poco te irá saliendo mejor. Cuando lo tengas controlado con esas palabras, te saldrá con el resto. Sé paciente, no es importante al principio.

🔊 **PhonEnglish**

zh ZH

plezher
vizhan

pleasure
vision

Esta es la más complicada de describir. Quizá se pueda describir como una «ch» ligera, una especie de sonido «ch» líquido. Es el sonido consonántico más difícil para nosotros. Se representa con la «zh». Es el final de la palabra **beige**.

Aquí, el cerebro de un hispanohablante ya no da para más. Como te decía al principio, entre la «d» y la «z» española, el inglés tiene unos cuantos sonidos que los hispanohablantes tenemos encajados en un mismo grupo.

Por eso, al principio cuesta. No te compliques la primera y la segunda vez que estudies las consonantes con estos sonidos.

Además, como en los casos anteriores, es un sonido poco frecuente, en el que se demuestra la calidad de nuestro inglés, pero no presenta problemas de confusión de significados de palabras.

3.5

¡Ya tienes el 80 % resuelto!

En inglés, las vocales pierden mucho protagonismo, por lo que las consonantes se convierten un poco en vocales, al menos, un poco más que en español. Así que se hacen un poco más líquidas.

Recuerda que al principio de palabra, y si después aparece una vocal corta, hay consonantes que cambian un poco el carácter, tienden a convertirse en «ch». El ejemplo más claro de esto es la letra «t».

Te recoimiendo que repases las consonantes oponiendo estos sonidos. Te va a ayudar a diferenciarlos. Hazlo poco a poco, no te preocupes mucho al principio. Recuerda que debes dar tiempo a tu cerebro para que vaya encontrando las diferencias.

PhonEnglish

P	J
T	D
Ch	J
K	G
F	V
Th	Dh
S	Z
Sh	Zh

3.6

¿Te falta alguna?

Pues sí, he eliminado la «c» la «q» y la «x». No nos hacen falta, de hecho en español casi que sobran también. Aquí mandamos nosotros, tú y yo, así que las he quitado.

Podríamos haberlas usado para alguna de las consonantes dobles que quedan, pero, al aplicarse a sonidos diferentes de los suyos, te crearían más confusión, así que he preferido mantener las consonantes dobles y eliminar estas otras.

🔊 **PhonEnglish**

Lo más importante son las consonantes

4

Simplificando las vocales. ¡Tampoco importan tanto!

4.1

Un pequeño secreto. ¡No importan!

Ya te he contado el gran secreto del inglés. Sé que soy un poco pesado con esto, pero es muy importante.

En inglés, las vocales importan mucho menos que las consonantes. En español, nos centramos en las vocales y las consonantes se adaptan, en el inglés es al revés, son las vocales las que se adaptan a las consonantes. ¡Por eso hay tantas!

En función de los autores, podemos encontrar entre 12 y 14 vocales diferentes por dialecto del inglés. A nosotros nos sobra con 8; aunque, como veremos, hay alguna que representa un sonido doble o triple, es decir, que se podría pronunciar de dos o hasta tres maneras diferentes.

Pero no te preocupes, te van a entender con cualquiera de las dos. Es más una cuestión de estilo, que por supuesto conviene cuidar, pero al principio no te compliques mucho la vida. Un poco más adelante te resultará natural.

Hay dos diferencias fundamentales entre las vocales del inglés y las del español:

1) La primera, que ya hemos comentado, es la duración.

🔊 **PhonEnglish**

El inglés tiene vocales largas y vocales cortas. Las largas duran como las vocales completas del español, y las cortas, duran algo así como la mitad. En principio, también tenemos estás últimas en español, aunque no las reconocemos como tales. Serían la «i» y la «u» cuando aparecen junto a una vocal abierta en palabras como *comió* o *huelga*.

2) La otra diferencia tiene que ver con el sonido de las vocales. Explicado de una manera sencilla, la diferencia es que las vocales del español son más extremas, más diferentes entre sí. Es como si estuvieran en las cinco esquinas de una gran plaza. Eso hace que sean especialmente claras. Las vocales del inglés, sobre todo las cortas, están más en el medio, en la vocal neutra, y eso hace que, a veces, solo aporten el aroma de la vocal más que el contenido de la misma, podríamos decir que son más vacías. Si no entiendes muy bien esto, no te preocupes lo vamos a ir viendo poco a poco.

Tras esta introducción, empezamos con las vocales largas, que son las que nos resultan más fáciles a nosotros, ya que son muy parecidas a las nuestras.

4.2

¿12 vocales diferentes? ¡A mí me parecen infinitas!

Pues sí, frente a la información que recibimos, ya sea cuando escuchamos inglés o cuando leemos sobre su pronunciación, de que hay doce, catorce o incluso más vocales en este idioma, en PhonEnglish® lo hemos reducido a 8 vocales con once sonidos.

La «a», tanto en su versión larga «aa» como en la corta «a», es la que recoge más sonidos diferentes. Dos en la versión larga y tres en la versión corta. Pero no te preocupes, te van a entender igual. Poco a poco irás viendo en qué palabras aparece uno y en cuáles el otro.

Prepárate a no marcar tanto las vocales, a no llevarlas tanto al extremo y lo tendrás casi resuelto.

Para que te hagas una idea, más de dos terceras partes de las vocales del inglés son cortas.

📢 **PhonEnglish**

Simplificando las vocales

4.3

Los diptongos. Simple para nosotros

Se suele hacer mucho hincapié en la pronunciación de los diptongos del inglés, pero para nosotros no tienen problema. También los tenemos, y su propia naturaleza cambiante los hace fáciles de identificar sin que haga falta demasiado esfuerzo por nuestra parte.

Fíjate en lo difícil que es diferenciar entre *vídeo* y «*vidio*». Esa «e» que casi se convierte en «i» y que no tiene demasiada importancia a la hora de entender lo que están pronunciando. Que sí, que si marcas mucho la «i» se nota, pero si la marcas poco es difícil diferenciarla.

Pues igual pasa en inglés. Eso sí, las dos vocales del diptongo de inglés deben durar lo mismo, básicamente la mitad de la duración de una vocal normal en español. Eso lo conseguimos haciendo que las vocales abiertas, «a», «e» y «o», duren menos que en español.

En cuanto veamos las vocales largas y cortas, nos ponemos con ellos.

🔊 **PhonEnglish**

Simplificando las vocales

4.4

Las vocales largas. ¿A que no son difíciles?

Empezamos con las vocales largas porque nos resultan más sencillas, ya que su duración es igual que la de las vocales del español. Ya iremos afinando esto con el tiempo, pero, por el momento, es una aproximación suficiente.

En PhonEnglish®, reconocemos cuatro vocales largas que escribimos repitiendo la vocal en cuestión. Así tenemos «aa», «ii», «oo» y «uu». Cuando veas eso escrito, ya sabes que va una vocal con la duración de una vocal española.

La mejor noticia es que casi la mitad de las vocales largas son la «ii», que es prácticamente igual que la española. Una tercera parte corresponde a la «aa» en sus dos versiones.

Son sonidos diferentes a la «a» española, pero no difíciles. Solo necesitas vaciarla un poco o un mucho. El resto, algo menos de un cuarto, se lo reparten la «uu» y la «oo», que no son difíciles tampoco.

Mientras el español huye de la vocal vacía, el inglés tiende a ella. Así que, ve acostumbrándote a aligerar un poco las vocales. ¡Ya sabes que las vocales son el fondo!

📢 **PhonEnglish**

ii II

sii	*see*
hiit	*heat*
shiit	*sheet*

La «i» larga. Es el sonido de la «i» española y con la duración de la «i» española. ¡Fácil!

A medida que la practiques, te aproximarás a la «ii» inglesa, pero no te preocupes, eso vendrá solo. Es la vocal larga más frecuente con diferencia ¡y la más fácil!

uu UU

bluu	*blue*
fuud	*food*
tuu	*too*

La «u» larga. Es el sonido de la «u» española, con su misma duración. ¡Fácil!

Si la puedes hacer menos extrema que para el español, perfecto. Pero no te preocupes, llegará solo.

PhonEnglish

oo OO

kool   *call*
foor   *four*
soort   *sort*

La «o» larga. Es el sonido de la «o» española; quizá algo más vacía, pero con misma duración. ¡Fácil!

Es como si a la «o» española le quitásemos personalidad.

Esto le hace que se acerque en cierto sentido a la «a».

aa AA

Es la más diferente del español. Está entre la «a» y la «o», aunque más cerca de la «a». Corresponde a dos sonidos diferentes, uno más parecido a la «a» española como en:

haat *hot*
raak *rock*

El otro es mucho más vacío, tienden a ser una vocal neutra, mezcla entre «a», «e» y «o».

aarm *arm*
faadher *father*
paart *part*

He usado un único símbolo para los dos sonidos porque nos suenan como una «a». Es importante diferenciar el sonido en la pronunciación, pero no vas a generar confusiones. Poco a poco irá saliendo. Recuerda que PhonEnglish® no es un lenguaje fonético al 100 %, simplemente te da pistas sobre la pronunciación correcta.

🔊 **PhonEnglish**

ee EE

Tengo buenas noticias. No existe en inglés. Se la come la «ii». Ñam, ñam.

¡Una menos!

4.5

Las vocales cortas. Están de relleno. ¡No te compliques!

Una vez aprendida la pronunciación de las vocales largas, pasamos a aprender la de las vocales cortas. Son casi las dos terceras partes de los sonidos vocálicos del inglés.

¡Lo más importante es que son breves! Preocúpate más de que sean breves, que de que cómo suenan. Es más importante su duración que su color.

Te darás cuenta de que son tan breves, que no da tiempo a pronunciarlas en plenitud, por eso tienden a irse al centro y ser variaciones de la misma vocal con diferentes colores.

Pero insisto, no te preocupes. Lo más importante es que sean cortas. Muy cortas. La pronunciación de las vocales breves está muy condicionada por el entorno en el que se encuentran y por el acento de la persona que habla. Sin embargo, todo ese esfuerzo tiene muy poca recompensa.

En realidad, el oyente utiliza como rasgos identificadores de una palabra la vocal larga, el diptongo y las consonantes de la palabra. Eso no quiere decir que la pronunciación de las vocales cortas no tenga importancia, sino que no tiene la importancia que se les ha dado.

📢 **PhonEnglish**

Por otra parte, su maleabilidad y adaptación al entorno fónico hacen que no exista un modelo único de pronunciación de las mismas, lo que añade también confusión.

Podemos entender que las vocales cortas del inglés tienen la misma duración que las vocales cerradas («i, u») del español en presencia de vocal abierta.

En el caso de las vocales cortas, PhonEnglish® reduce su número a cuatro. Desaparece la «o».

La «a» vuelve a tener varios sabores, casi hasta tres. La «u» suena como la «u» larga, y es muy escasa. La «i» corta suena como la larga, y ambas no suponen ningún problema para los hispanohablantes. El sonido es parecido y estamos acostumbrados a casi omitirlas cuando están en presencia de una vocal abierta. Por ejemplo en palabras como *sonrió*.

La «e» es también parecida al español, pero en su función breve se convierte prácticamente en un sabor, en un aroma. Pierde toda la fuerza que tiene en español y pasa a ser un apoyo para pronunciar consonantes.

La «a» corta se convierte en la vocal vacía por excelencia, en el mecanismo que permite pronunciar cadenas de consonantes.

En realidad, tiene diferentes formas, pero la diferencia entre ellas es tan sutil y dependiente del hablante, que he decidido unificarlas en el símbolo «a», aunque debes aprender a pronunciarlas bien. Sin prisa, que acabará saliendo solo.

u U

put	*put*
kud	*could*
buk	*book*
tur	*tour*

La «u» corta. Es el sonido de la «u» española pero, como ya he indicado, en versión corta, es decir, con la mitad de la duración de una vocal en español. Nosotros tendemos a escucharla como un sonido neutro que los hispanohablantes asimilamos a una «a» vacía

Supone menos del 1 % de los sonidos vocálicos del inglés.
.

🔊 **PhonEnglish**

hit	*hit*
siting	*sitting*
sit	*sit*

La «i» corta. Es el sonido de la «i» española pero, como ya he indicado, en versión corta, es decir, con la mitad de la duración de una vocal en español. Eso hace que no dé tiempo a desarrollarse y resulte una «i» descolorida que escuchamos casi como una «e».

La cuarta parte de las vocales breves del inglés son la «i».

e E

met   *met*
bed   *bed*
men   *men*

La «e» corta. Es el sonido de la «e» española pero, como ya he indicado, en versión corta, es decir, con la mitad de la duración de una vocal en español.

La cuarta parte de las vocales cortas son la «e».

Su pronunciación nos resulta cómoda. Relájate al hacer una «e», hazla corta y ya lo tienes.

PhonEnglish

tern	*turn*
lern	*learn*
wer	*where*
er	*air*

Podríamos entenderla como una subclase de la «e», aunque también podríamos no decir nada. Normalmente se hace hincapié en ello, por eso la mantenemos.

Es la «e» corta seguida de «r». En realidad, la aparición de la «r», su ligereza y la necesidad de pronunciarla, hacen que aparezca un aroma vocálico con sabor a «e» que recogemos en este carácter. No llega a ser una «e» completa, sino más bien el aroma de la «e» seguida de una «r».

A veces, el sonido coincide con alguno de los que hacemos con la «a», pero he preferido dejarlo como «er» para que sea más fácil relacionar la palabra escrita en PhonEnglish con la palabra original en inglés.

a A

La «a» corta. Esta es la más complicada de describir, por dos motivos:

1) es la más diferente del español
2) en el carácter «a» hemos representado tres sonidos que habitualmente se tratan por separado. No te preocupes por los motivos, un día de invierno junto a una hoguera te los explico.

La «a» corta engloba los sonidos «a» y «o» del inglés, que para nosotros son muy difíciles de distinguir, porque son muy cercanos. Es un sonido vocálico vacío que, para un oído hispanohablante, podría escucharse como «o» y como «a».

Las tres variaciones que encontramos son:

1) El sonido más parecido a la «a» española sería este. Observa que no es una «a» tan marcada y que debe ser breve. Tradicionalmente se explica su pronunciación como que se pronuncia con una gran sonrisa en la boca.

kat   *cat*

blak   *black*

2) El correspondiente a un sonido mas vacío de la «a».

kap   *cup*

lak   *luck*

3) El tercer grupo es el que corresponde al sonido neutro vocálico. Una mezcla de «a», «e» y «o» vacías, y además corta. Lo más parecido a que no exista la vocal.

awei   *away*

sinama   *cinema*

4.6

Los diptongos. Facilísimo. Solo tienes que acortar las vocales abiertas

Una vez determinadas las vocales, aparecen los diptongos: vocales juntas. Siempre me ha extrañado que se hable tanto de ellos en los manuales de pronunciación, porque para nosotros son muy naturales. Al ser dos vocales, y tan cortas, se necesita mucha menos precisión en la pronunciación. Viven del contraste. ¡Una delicia, vamos!

Lo único que debemos vigilar es la duración de la vocal abierta. Uniones entre vocales que, para los hablantes de español, no suponen ningún problema, excepto el recordarnos que un diptongo en inglés correspondería a una duración de una vocal en español. Recuerda que un diptongo en español correspondería a la duración de una vocal (abierta) y media (cerrada).

Para que hagas un poco de ejercicio, vamos a ver los más frecuentes. El objetivo es que tu boca se vaya acostumbrando a los movimientos, pero ya verás que son muy fáciles.

📢 PhonEnglish

au AU

nau	*now*
aut	*out*
hau	*how*

El diptongo «au». La «a» española con una «u» que tiende a ser «o», pero que es más bien «u». ¡Fácil!

La duración total corresponde a la duración normal de una vocal en español. Parecido al español, con la «a» un poco más abierta y con menos protagonismo, además de más corta.

Recuerda que la «a» inglesa es menos extrema, más neutra.

¿A que es más fácil leer así?

ai AI

faiv	*five*
ai	*eye*
mai	*my*

El diptongo «ai». La «a» española con una «i» que tiende a ser nuestra «i». ¡Fácil! La duración total corresponde a la duración normal de una vocal en español. Recuerda, y perdona que insista, la «a» es más neutra y la mitad de larga que en **hay**, por ejemplo.

¿A que te resulta curioso que *eye* solo sean dos vocales?

🔈 **PhonEnglish**

sei	*say*
eit	*eight*
dei	*day*

El diptongo «ei». La «e» española con una «i» española también. La única preocupación, como siempre, es la duración, la mitad de la duración de un diptongo en español. ¡Ojo, que tenemos tendencia a darle un protagonismo mayor del que tiene a la «e»! Recuerda que tiene que durar muy poco.

¡Fácil! La duración total corresponde a la duración normal de una vocal en español.

ou OU

gou   *go*
houm   *home*

La «o» española con una «u» que tiende a ser «o», pero que es más bien «u». Algo así como una «o» que se va cerrando. ¡Fácil!

La duración total corresponde a la duración normal de una vocal en español. Recuerda que la «o» no es tan larga como si estuvieras leyendo en español.

PhonEnglish

boi	*boy*
join	*join*

La «o» tiende a ser un poco una «o» española con una «i» que tiende a ser «e», pero que es más bien «i».

Es el diptongo más complicado, pero se pilla rápido. Es muy parecido al español **hoy**, pero con una «o» más corta.

Tampoco hay que obsesionarse con eso. La duración total corresponde a la duración normal de una vocal en español.

4.7

Recapitulando

¡Con esto y un bizcocho, hasta mañana a las ocho! Ya tenemos todos los sonidos del inglés. No hay más.

Recuerda que no hay que obsesionarse con aprenderlo todo la primera vez. Es preferible hacer aproximaciones sucesivas.

Léelo una vez, practica, repasa, practica, etc. En la primera pasada, no te obsesiones con los sonidos «z» y «d» y sus variantes, ni con la «a» y la «aa».

Le hemos dado comida a tu cerebro, a partir de aquí empezará a trabajar solo. ¡Empieza a ser capaz de autocorregirse!

Y te voy a contar un pequeño secreto que he guardado hasta el final. Te vas a dar cuenta en los próximos meses de que empiezas a entender mejor el inglés.

Has ayudado a tu cerebro a identificar los sonidos y le va a resultar más fácil identificarlos cuando los escuche. Las palabras, que antes eran un bloque para ti, se van a convertir en una serie de sonidos diferentes y le vas a facilitar mucho el trabajo.

🔊 PhonEnglish

¡Él te lo agradecerá con menos dolores de cabeza!

5

Poniéndolo todo junto. ¿Cómo sigo?

5.1

¡Ya tienes todos los elementos! ¡A combinar!

Ya tienes todos los elementos. Has comprado tu caja de Lego®, la has abierto y tienes todas las piezas sobre la mesa. ¡Es el momento de disfrutar! De pegar elementos y de empezar a combinar.

Al principio, la escritura te resultará extraña; no te preocupes, te servirá como referencia perfecta para saber cómo se pronuncia la palabra. Una vez que la practiques, podrás trabajar también con la escritura inglesa.

Recuerda que las consonantes son lo importante y que las vocales acompañan.

Hay un par de aspectos importantes que debemos tener en cuenta:

1) Por una parte, el inglés requiere de más entusiasmo al ser pronunciado. El menor peso de las vocales requiere que las consonantes se vayan de fiesta y animen el cotarro, así que intenta ponerle más emoción a las palabras.

2) En este mismo sentido, observarás que las consonantes que empiezan palabra, sobre todo antes

de vocal breve, se convierten en algo más explosivo, y lo hacen tomando prestado un sonido suave de la «ch». Pasa con la «t» y con otras muchas. Atento a ello cuando quieras perfeccionar la pronunciación.

5.2

Poniéndolo todo junto. Las palabras en inglés

Antes de que empieces a volar solo, nos falta echarle un vistazo a las palabras. Estas no son un conjunto de letras con un peso parecido, sino que se componen de sílabas y esas sílabas tienen diferente peso en la palabra. Esto no se manifiesta en el lenguaje escrito. Sin embargo, en el lenguaje oral, sí lo hace.

Te dije que, en inglés, el rasgo principal es la duración de la sílaba, es decir de la vocal, y en español, la intensidad, pero en segundo lugar, en inglés se marca la intensidad y en español la duración.

En español, toda la intensidad de la palabra está en la sílaba tónica. Esta sílaba tiene más intensidad y más duración. Esta última característica normalmente se resalta poco, pero es así.

A veces, incluso, esa vocal de la sílaba tónica se desdobla en un diptongo. Por ejemplo, decimos *murió*, pero decimos *muerte*. Fíjate en el cambio de la «u» por la «ue». Decimos *contar* y decimos *cuento*. En este caso, es la «o» la que cambia por «ue». Esto nos permite reconocer la palabra con más facilidad. Es como si pusieramos una lupa sobre la sílaba tónica.

📢 PhonEnglish

En el caso del inglés, la sílaba más importante se marca por la duración y, después, por la intensidad.

Así que, si quieres encontrar la sílaba más importante de una palabra en PhonEnglish®, no tienes más que buscar la vocal larga o, en su defecto, un diptongo. Una vez detectada, te recomiendo darle también más intensidad.

Como ya he señalado, otro aspecto importante es el principio de palabra. Hay que empezar las palabras con entusiasmo y, a veces, cuando empezamos con vocal corta, hay que hacer la consonante un poco más explosiva metiéndole un puntito de «ch».

5.3

¡A practicar! La Personal Testing Machine

Ya solo te queda lo más importante: practicar, practicar y practicar. Con la base que tienes y la práctica, en un *pispás* estarás disfrutando de la pronunciación en inglés.

Para ayudarte, he creado la Personal Testing Machine.La encontrarás en la web.

Con la máquina, podrás pronunciar las palabras que quieras y ver cómo se te entiende. Todavía estamos en fase Beta, así que, a veces, puede que obtengas resultados extraños. En caso de duda, fíate más de tu impresión que la de la máquina. Al fin y al cabo no es más que una máquina. Si ella no conoce la palabra, nunca la va a identificar, así que, si insistes sin resultado, inténtalo con otra palabra.

¡A practicar!

📢 **PhonEnglish**

Poniéndolo todo junto ¿Cómo sigo?

5.4

PhonEnglish® te lo pone fácil

Desde PhonEnglish® queremos ayudarte a mejorar tu pronunciación y, para ello, hemos puesto muchos recursos a tu disposición: este libro, varios cursos, presenciales y online, y sistemas de conversión de inglés a PhonEnglish®.

Te recomendamos particularmente el chat de Telegram y la web de conversión de inglés a PhonEnglish®.

También te recomendamos que te suscribas a nuestro canal de YouTube.

Seguro que se te ocurren recursos y herramientas que te serían útiles, y que todavía no están disponibles. Escríbenos por Twitter a @phonenglish o por email a hola@phonenglish.com, donde estaremos encantados de escucharte y tratar de desarrollar tus propuestas.

Por último, y yo diría que lo más importante, pon nuestra web en tu lista de favoritos y suscríbete a nuestra lista de correo, de manera que estés informado de todas nuestras novedades y de los recursos que vayamos desarrollando. También recibirás ofertas especiales para suscriptores, y podrás ser el primero en apuntarte a las actividades que organicemos.

📢 **PhonEnglish**

Poniéndolo todo junto ¿Cómo sigo?

5.5

El futuro. Cómo seguir avanzando

Ya solo te queda la práctica. Si no has realizado ninguno de los cursos que impartimos, ya sea de forma presencial o en videocurso, te recomendamos encarecidamente que lo hagas. Va a ser mucho más sencillo para ti asentar los conocimientos y, con la ayuda de tus compañeros, podrás avanzar rápidamente.

¡Y practicar, practicar y practicar! Ya verás como, poco a poco, tu cerebro se irá haciendo cargo y sentirás que eres otra persona cuando pronuncias inglés.

PhonEnglish

Poniéndolo todo junto ¿Cómo sigo?

Epílogo

Recuerda que este método no es un método que explica cómo funciona la lengua ni presenta teorías acerca de la misma. Es un método de aprendizaje de la pronunciación del inglés y, para ello, da las explicaciones que sirven para aprender mejor, que no tienen por qué ser precisas y exactas.

Tampoco es un tratado que describe la pronunciación del inglés. Para eso hay múltiples libros que lo hacen y que detallan todos los matices que tiene, que no son pocos.

Aquí simplificamos mucho la pronunciación con el objeto de que sea fácil aprender a pronunciar el inglés para un hispanohablante. ¡De hecho, ni siquiera hemos nombrado a la célebre *schwa*!

Espero que hayas disfrutado del libro. Lo he escrito pensando en ti. Para facilitarte al máximo las cosas y hacerte perder el menor tiempo posible, de modo que no solo dejes de sufrir cuando pronuncias inglés, sino que incluso disfrutes de ello.

Gracias por aguantarme hasta el final y suerte en tu empeño. Si necesitas más ayuda, me encuentras al borde del camino.